パイナップルぷるぷる本

文　谷山武士
写真　小林紀晴
イラスト　鈴木克彦

はじめに

ぷるぷる？　パイナップルが？　なにこの本？　そう感じながら本屋さんでこのページをご覧になっているみなさんに、少し解説をしたいと思います。

本書を、パイナップル読本、として読んでもらえたらありがたい。ちょっと風変わりな読本かもしれないけれど。

「そもそもこの本はおもしろいのか」の議論はひとまず避けたいと思う。「その代わりに」というのもへんだが、はっきり言えることがひとつある。「パイナップルはおもしろい」だ。

パイナップルの本をつくろうと思い立ってから、あちこちに出かけた。さまざまな場所でパイナップルにまつわるいろいろなことを教わった。たくさん見た。たくさん話した。たくさん食べた。訪れた土地はどこも美しかった、と記憶する。訪ねた先の人々の美しい佇まいもまた、深く記憶に刻まれている。そうして、パイナップルが何にもまして美しいフルーツだ、ということを知った。

ここにあるパイナップルの話はいずれも、ちょっとした仮説やとりとめもない疑問からはじまった。もしかしたら島がパイナップルをおいしくする、とは言えないだろうか。パイナップルは南国の食べものだ、と決めつけるのはどうなんだろう。肌にいいのは、ビタミンCが豊富なくだものだけじゃないはずだ。僕たちは本当のパイナップルの味を知っているのか。パイナップルの入った料理が苦手、という人をもてなすパイナップル料理なんてあるのかな。パイナップルはいったい誰がどこで育てているんだっけ――。

ささて話を少し巻き戻すと、「風変わりな」といえば本書のタイトルも、そのうちのひとつだろう。下手なダジャレ、と言われれば肩をすくめるしかない。

でもそれなりに弁解するなら、心がふるえるほどおいしいと感じるものに出会う瞬間、というのがあって、たとえばそのときの様子をオノマトペにしたら、きっと「プルプル」が候補のひとつだと思う。「プルプル」なる語は比較的あたらしい擬音語ではないだろうか。手元の辞書にはいない。よく目にするようになったのは、ゼリーをはじめとする「食感表現」の領域においてだった。それは多くの人にとって心地のいい語感で、おそらくそこから派生して「肌」を形容するほめ言葉にもなった。いずれにせよ、好ましい状態を指す言葉で、そんな言葉がパイナップルにはお似合いだと思った。

パイナップルの姿、形は福々しい。その証拠に、手土産で一個まるごと持って行った先での評判は、すこぶるいい。「うわあ、パイナップルだ」「超ウケるんだけどォ、パイナップル」。とにかくその場が多幸感ないしほどよい高揚感でいっぱいになる。こうした原稿を書いているときも目に浮かぶ。切った瞬間のまぶしいほどの果肉や、みんなが「ああ、いい匂い」と反応する姿が――。

本当は「パイナップルのどまんなかを貫くような本です」と言い切りたい。実際のところは、ちょこちょこと周辺をうろついて、「へえ」とか「ほお」とか、「なるほど」みたいな感慨をもちながら、パイナップルに近寄った本だ。ふつう、パイナップルの芯は食べない。本書に限っては、パイナップルの芯を食っていればいいなあ、とは思っています。

contents

1
章

もしや、フルーツの王ですか？

もしや、フルーツの王ですか？

畑のなかでパインアップルが列をなす。

最後尾のパインアップルはうんと離れている。どの列もまっすぐに、どこまでも続く。列のうしろのほうは青い空との境界があいまいだ。

畑のまんなかあたりには農家の方がいる。ここ石垣島でパインアップルづくりに励む平良邦夫さんだ。その平良さんが、カラス除けの黒いネットをはずしてくれた。剣のように尖った葉っぱが幾重にも重なり、生い茂っていた。葉の先は切っ先のようで、当たると痛い。チクリ、なんてもんじゃない。パインアップルの葉は刃だ。その述語には、刺さる、という語がふさわしい気がした。畑に入るには、厚手の上着とズボンが必須だった。


パインアップルの実はその葉っぱの上にいた。

畑で初めてその実を目にしたときは、何かの冗談か、と思った。

葉の上にパインアップルの形をした、何かがいる、と感じたからだ。

パインアップルはつくねんとそこにいた。まるで置物。葉っぱの上にだれかがひとつずつ、ていねいに置いていったような佇まいなのだ。

平良さんが葉をかきわけた。するとパインアップルの実の全貌があらわになった。頂きには葉の王冠。そして鎧のごとき果皮。葉の上に鎮座するその格好には威厳があった。

なるほど。

だから古の人はパインアップルを「フルーツの王」と呼びたくなったのか。この姿形なら、たしかにそう呼ぶほかない。

平良さんが小ぶりの鎌らしき道具で、実をさっと切りとった。上に掲げるようにして見せてくれたそのパインアップルは、まっ青な空をマントのごとくはためかせ、信じられないほど凛々しく、美しい姿をしていた。

本物のパインアップルジュースをどうぞ

取材で訪れたのは石垣島の西、名蔵湾と島で一番高い於茂登岳（おもとだけ）のあいだに位置する、パインアップルの畑だ。その場所は名蔵アンパル地区と呼ばれる。平良邦夫さん、そして妻のたま子さんは、この地でずっと作物を育ててきた。平良さんご夫妻が本格的にパインアップルを手がけるようになったのは、十五年ぐらい前からだという。

「昔はおもにサトウキビ。パインアップルは少々。いまは、パインアップルをたくさんつくって、サトウキビは少々」と邦夫さんが説明してくれた。

邦夫さんは昭和十七年生まれ、たま子さんは二十五年生まれ。ある意味、戦後の石垣島における農業の歴史を、日に焼けたその肌でしかと感じとってきたおふたりだ。

※この章では沖縄県の表記にならい、「パイナップル」を「パインアップル」と表記します。

「昔はね、パインアップルっていったら、缶詰用だった。でもある時期から、安いのが入ってきた。外国から大量にね。だから近年つくってるのは生食用。サトウキビもいいんだけど、収穫のときがたいへんで。人手がたくさんいるからね。その点、パインアップルは母ちゃんとふたりで収穫できるから、いいね」

邦夫さんのこうした話を聞いているほんの数分のうちに、着ていたシャツは汗でぐっしょりとなった。

梅雨明けした石垣島の夏は太陽がてっぺんにいる。正真正銘、真上だ。太陽はその位置から地上に向かって猛烈な勢いで日差しを投げつける。まるで皮膚を打つような激しさだ。

パインアップルはその力強い光をまるごと浴びて育つ。

とはいえ強すぎる日差しは、果実の色を悪くすることもある。実がなりはじめたら、紙の袋をかぶせたり、葉でくるんだりして直射日光を浴びないようにするという。

さえぎるもののない畑のなかでは、人もまた全身で日差しを受けとめるしかない。畑のなかに立っていれば、ただただ汗が吹き出してくる。そんなこちらの様子を見ていたたま子さんが、よく冷えたパインアップルジュースをコップに注いでわたしてくれた。

たま子さんが朝、自宅で絞ってきたフレッシュジュースだった。もちろん自分の畑で穫れたパインアップルをしぼったものだ。

ゴクリ、またゴクリとコップに入ったパインアップルジュースを勢いよく飲む。そのあとも、身体から出ていく水分を追いかけるように、何度もパインアップルジュースを飲み干した。

南の島の畑で飲むべきものはこれだ。

水でも、ビールでも、ソーダ水でもない。

パインアップルジュースこそが、からだの奥底からうるおしてくれる飲み物なのだ、ということを畑のまんなかで体感した。

「パインアップルのジュースを飲んでると、疲れないよ。毎日、午前中のうちに一本は飲み干しちゃう。父ちゃんも飲むから、いつもふたりで四、五本は用意しとかなきゃなんない。ふたりして、お茶が苦手だから、飲むのはいっつもこれ」とたま子さんは言った。たま子さんの言う「一本」とは一・五リットルの空のペットボトルに入れた、パインアップルジュースのこと。

ちなみに、一本つくるのにパインアップルを六、七個も使うそうだ。

七個かあ、豪盛だなあ、と感じたけれど、真のぜいたくは、その一本ないし、一杯のパインアップルジュースに、南の島のすべてが詰まっていたことだと思う。

青い空。強い日差し。赤い土。そして、つくり手たち。

パインアップルというひとつのくだものは、おいそれとよその土地では得られない自然と人がもたらす豊穣の一切合切を内包し、黄色く、輝くような果汁をその果肉にぐっと抱えこんで育つのだ。ひとたび果汁をしぼり出し、味わえば、その甘味も、かすかな酸味も、常にひとつの方角と場所を示す。

それはもちろん、南の、島だ。

思いのほか身体が元気だ

「今日みたいに何本もつくるときは、何十個分ものパインアップルをジューサーにかけては、濾す。朝からひと仕事よ。でも、みんながいっつもよろこんでくれるからね。うれしくて、またつくっちゃう」

通りすがりのご近所さんも、たま子さんがもてなすパインアップルの恩恵にあずかれる。この日もふらっとだれかがやってきてはそのへんに腰掛け、茶飲み話ならぬ、パインアップルジュース話をしていくのだった。

じつはこの日は、品種違いのパインアップルジュースを何種類も用意してくださっていた。なかでも、飛び抜けて絶品だったのがピーチ・パインのそれ。その名のとおり、桃の香りが立ち、クリーミーな味わいを持つ。誤解を恐れずに言うと、こんな繊細な風味のパインアップルがあるのか、と驚いた。

このほかにも、パインアップルを串に刺して凍らせた自家製のアイスキャンディ、すりおろして凍らせたシャーベットもあった。ひときわ個性的だったのが、パインアップルとゴーヤを使った、ジュースとサラダだ。

ジュースのほうは、パインアップルの甘味がゴーヤの苦味で絶妙に緩和され

ている。後味がすっきりしているから、これもやはり暑い場所にはもってこいの飲み物だった。

サラダのほうは、それぞれを切って合わせただけのシンプルなものだった。「味つけはなんにもしてないよ」とたま子さんが言ったように、パインアップルそのものの味と、同じくゴーヤのそれとで、味つけは十分だった。

ジュースにしろ、サラダにしろ、食べるたびに頭をよぎったのは「緑黄色」なる言葉。ビタミンとか、疲労回復とか、なんだか身体によさげなイメージばかりが浮かぶのだ。

取材の序盤戦は暑さで軽くバテ気味だった。ところが、帰りがけには思いのほか身体が元気なことに、正直おどろいた。気のせいだろうか。

くだものの王に会いに行ったのだ

取材で訪れた六月下旬の石垣島のパインアップル畑は、収穫の最後の山場を迎えようとしていた。

「本格的な収穫は毎年、ゴールデンウィーク前からはじまって、七月いっぱいまでかな。ソフトタッチやボゴールなんかの品種が最初で、最後はハワイ種あたり。今年は豊作だから忙しいよ」と邦夫さんは言った。

「炎天下での収穫作業はたいへんですよね」と話しかけたら、「それでも、この仕事の醍醐味はやっぱり収穫だから。豊作だったら、たいへんでも、かまわ

んよ。今年は出来がいいから高い値段で売れるしね、ハハハハハ」と大きな声で笑いながら邦夫さんは話してくれた。

缶詰用のパインアップルの品種から、生食用の品種に切り替えるのは、口で言うほどたやすいことではなかったはずだ。

しかし邦夫さんは多くは語らずにいた。二年後のパインアップルのことをうれしそうに話すのみだった。

「今年、新しいのを二千本植えた。実るまでには二年かかるから、リスクといえばリスクだけどね。でもやっぱり楽しみだよ。収穫のときが」

石垣島は日本のパインアップルのふるさとだ。

パインアップルが日本に伝わった日付や場所には諸説あるものの、有力な説のひとつが石垣島だ。オランダの船が島沖で座礁し、その船から漂着した苗を植えたのがはじまり、といわれている。慶応二年、一八六六年のことだ。

パインアップルの歴史の一部がはじまった場所。そこには身なりのいい、黄金色の果実をつける畑があった。豊作に満面の笑みをうかべるつくり手たちもいた。

日本の南の島で、パインアップルの王国を見た。そして、くだものの王に出会った。

2章

旅するように、パイナップル料理をつくった

パイナップルで、なぜポルトガル？

コロンブスがパイナップルを発見した。

二度目の航海のときだったという。カリブ海に浮かぶ島で見つかった。島の名は「サンタ・マリア・デ・グアドループ」。コロンブス自身がそう命名した。

おそらく、もともとその島で暮らす人々にとってのパイナップルは、ふだん口にする食料としてのくだものだったはずだから、島民からすれば、一方的に発見もへったくれもないだろうけれど、史実としては一四九三年のことらしい。

とにもかくにもそこからパイナップルはまたたく間に世界を駆けめぐった。われ先にとしのぎを削る大航海時代の王たちがこぞって、新世界の甘美なる黄金の果肉を求めたゆえのことだった。その希少性もさることながら、見た目といい、味といい、香りといい、パイナップルは宮殿の晩餐を彩るにふさわしいフルーツとみなされた。だからこそ、パイナップルは当時の人々のあいだでこう称された。

「キング・オブ・フルーツ（果実の王）」

そうした時代のパイナップルは船で長い航路を旅した。

熱帯の島々や赤道付近の大陸など、新世界をめぐるルートは当時、おもに三つあったとされる。

そのひとつ、ブラジルから大西洋のセントヘレナ島を経るルートを切り開いたのが、ポルトガル人といわれている。今日、パイナップルのゆかりの場所といえばふつう、南の島を連想するだろう。ハワイだとか、フィリピンだとか。じつはヨーロッパにも縁の深い国はあったわけだ。

そんなこんなで、東京・代々木八幡のポルトガル料理店「クリスチアノ」のシェフ、佐藤幸二さんを頼って、パイナップルを使ったポルトガルの料理を教わった。ちなみに、クリスチアノは毎晩、多くの客で賑わう、予約がなかなかとれないことでも知られる超人気店だ。

衆知のごとくポルトガル料理は、日本人及び日本の食文化との親和性が高いといわれている。ポルトガル人は魚をよく食べるし、米の消費量はヨーロッパ随一だからだ。

そういう出自を持つポルトガル料理で扱われるパイナップルはきっと、われわれ日本人の舌にもなじみやすいのではないか、と期待して佐藤シェフが率いるクリスチアノの門を叩いたのだった。

旅するようにパイナップルを語る

「ポルトガルではけっこうパイナップルが栽培されてるんですよ。僕が知ってる品種はおもに二種類あったかな。実際みんな、よく食べてますよ。そのまま食べるのはもちろん、調理では基本、肉料理に使います。ソーセージに練り込んだり、豚の血を使ったリゾットの付け合わせにしたり」と佐藤さんは語った。

クリスチアノ
東京都渋谷区富ヶ谷 1-51-10　Tel：03-5790-0909
営業時間：18 時〜24 時 LO（日・祝は 23 時 LO）
定休日：月曜日
http://www.cristianos.jp/

一六世紀あたりに船で持ち込まれたパイナップルは、いまではポルトガルの食文化にしっかり根を下ろしているようだ。

「イタリアをはじめ、ヨーロッパにいたときは、肉料理はもちろん、デザートでムースにしたりと、よく使われる食材でしたね。ただ個人的にはそのころ、パイナップルがどうにも好きになれなかったんです。海外に行く前に一時期ホテルで修業していました。そこではおもにフルーツを扱う部署にいまして、そのときにものすごい量のパイナップルを切ってたんですが、指が腫れて痛くなるんですよね。そのせいでしばらくは、パイナップルのことをあまりよく思ってなかった時期がありまして」と、笑いながら佐藤さんはパイナップルの思い出話をしてくれた。

そうした佐藤さんの「パイナップル観」を変えたのが、タイという国だった。

「〝プリック・グルア〟と呼ばれている、タイの屋台でカットフルーツを食べるときについてくる調味料があるんです。塩と唐辛子と砂糖を混ぜただけのものなんですが、これをパイナップルにつけると衝撃的にうまかった。タイにいたときは、パイナップルで賞をいただいたこともあります。毎年開催されている料理のコンテストのデザート部門で、ローズマリーとパイナップルのジュースをつくって賞をもらいました。じつはそのころの話で、髪を金髪のショートにしてたら、あるときタイ人の友人の子供から〝サッポロ！〟と呼ばれて。それ以来タイではみんなに〝サッポロ〟と呼ばれるようになったんです。タイ

語でサッポロはパイナップルのことです。タイのおかげでパイナップルが嫌いじゃなくなりましたね」

めちゃくちゃ相性がいいんですよ

この日、佐藤さんがつくってくれたパイナップルを使った料理は三品。

「イカとパイナップルのピリピリトマト煮込み」

「豚のパイン煮」

「赤玉ねぎとパクチーとパイナップルのサラダ」

パイナップルを使った料理をお願いしたのだからあたりまえだが、それぞれの皿にはパイナップルがちゃんといた。ただしその「在り方」みたいなものがじつに自然体で驚いた。

それぞれの皿には、しっとりとした、あるいはゴロゴロっとした、はたまたキュンとするような、パイナップルがいた。

パイナップルはあからさまな自己主張はしていないようだった。そこにいることを感じとれる、といった程度だ。

各料理を試食したときはどれも本当においしかったので、ばかみたいに「おいしいですね！」のひと言しか出なかったけれど、あとで思い返してみてふと気がついたことがある。

出汁かな、と。

今となっては、パイナップルの存在感は和食でいうところの、出汁に近いような気がしている。

一品目の「イカとパイナップルのピリピリ トマト煮込み」には煮込んだパイナップルがいた。

「ポルトガルでは辛いものを〝ピリピリ〟と呼ぶんです」と佐藤さんが教えてくれた。

とりたてて狙いを定めず、皿のなかをフォークでひと刺しした。口に運ぶと、イカの味とトマトの酸味がほぼ同時にやってきた。そして時間差で訪れるかすかな甘味を、くだんの「ピリピリ」が追いかけてきた。

次はパイナップルに狙いを定めてフォークを使った。口中に到来する味の順序は先ほどと変わりないが、酸味と甘味の濃度がグンとあがっていた。すっぱい、甘い、辛いの連続が、口と皿を往復するフォークの速度をも、グングンあげた。

二品目は「豚のパイン煮」。

グラタン皿のなかに、豚とパイナップルの塊がゴロゴロっといて、その上にピクルスがパラパラっとのっている。

一塊の豚肉を口に運ぶと、口のなかでホロホロと崩れた。一塊のパイナップルを口のなかに入れてみると、ホクホクとした食感ののち、果実味がじんわり広がった。思いのほか、あっさりとしていて、酸味の効いたピクルスが次の塊へと誘うのだ。

パイナップルの料理に日ごろ馴れ親しんでいない人でも、この料理のパイナップルは自然に受け入れられると思う。

ノリとしては大きめに切った野菜みたいなものだ。

どんな野菜であれ、料理のしあがりになんらかの影響を及ぼすように、パイナップルも確実に味に作用する。肉をやわらかくするという分解酵素作用はもちろんだが、佐藤さんのつくる「豚のパイン煮」を食べたあとでは、パイナップルが肉料理に完全なる調和をもたらしているような気がしてならなかった。

三品目は「赤玉ねぎとパクチーとパイナップルのサラダ」。

これは切って和えるだけの、よくあるサラダ。何も特別なところはない。けれどもパイナップルが、どこからか、キュンとするような甘く切ない清涼感を連れてやってくる。さっぱり、だけじゃない一皿にしあがるのだ。

佐藤さん曰く「ナンプラーを加えてタイ風にしてもいい。あと、サラダとは違いますが、手軽に、という意味では、生ハムパインがおすすめで、僕も大好きです。豚とパイナップルってめちゃくちゃ相性がいいんですよ」とのこと。

名脇役として輝く、パイナップル

最後に佐藤さんからパイナップルの上手な使い方についても教わった。

「パイナップルを料理に使う場合、〝伏兵的〟な使い方をしたほうが、パイナッ

プルのいいところを最大限引き出せるのかな、と思っています。たとえば、今日はチャーハンをつくろうとなったとき、実際つくってみたら〝あれ？ なんかひと味たりないな〟ってことがある。そんなとき、パイナップルを入れると、味に深みが出るんです。または先ほどの料理にもあったように、サラダに入れると、独特の酸味と甘味がついて、バランスよくしあがります。ソーセージがあまっているときなんかも、パイナップルといっしょにさっと炒めるといいと思います。パイナップルを一個買ってきても、なかなか食べきれませんよね。あまったら、サラダ用にとか、生ハムパイン用にとか、使うサイズを想定してカットして冷凍しておく。細かく刻んでジップロックに入れて冷凍保存しておけば、そのつど調味料として使うこともできる。パイナップルは冷凍しても繊維が立ちすぎないし、風味もさほど損なわれないので、なにかと重宝する食材だと思いますよ」と言ってから最後に佐藤さんは、料理という舞台におけるパイナップルの役割についてこう言及した。

「料理ではことさら主役にしようとは考えずに、脇役に徹してもらったほうが、パイナップルは生きるんじゃないんですかね」

イカと
パイナップルのピリピリ
トマト煮込み

材料【5人分】

パイナップル　150 ～ 170 g
玉ねぎ　1個
にんにく　3かけ
唐辛子　8 ～ 10 本
トマト缶　160g
あさり　6 ～ 8 粒
イカ（30 ～ 40g のもの）　15 本
オリーブオイル　70cc
塩　適量
ブランデー　80cc
コーンスターチ　15 g
水　150cc

【つくり方】

1. パイナップルは食べやすい大きさに切る。
2. 玉ねぎは縦 1/4 に切ってから、厚さ1cm の薄切り（繊維に直角に）。にんにくはつぶす。唐辛子は種を抜いてから、フライパンで空焼き（表面に色がつく程度）する。
3. 鍋にオリーブオイルと2を入れ、ひとつまみの塩を加える。蓋をして弱火で 10 分、火にかける。玉ねぎがやわらかくなったらブランデーを加え、中火で1分ほど沸かす。
4. あさりを加え、口が開いたら殻を取り除く。水 100cc とトマト缶を加え、沸騰したらコーンスターチと残りの水 50cc を混ぜたものを加えてひと煮立ちさせる。
5. フライパンを熱して、イカの表面を強火で 30 秒くらい軽く焼く。そこにパイナップルを入れ、色がついてきたらひっくり返す。
6. 5に4のソースを加え、数分煮込んだら出来上がり。強火で沸かしてしあげると、辛味があたたかい感じになるのでおすすめ。

豚のパイン煮

材料【２人分】

パイナップル　100g
豚肉　豚トロ　100g
　　　ばら　　100g
　　　タン　　100g
玉ねぎ　１個
にんにく　１かけ
ローズマリー　１房
オリーブオイル　50cc
塩　適量
ピクルス（市販のもの）　適量

【つくり方】

1. パイナップルは食べやすい大きさに切る。
2. 玉ねぎはダイスに切り、にんにくは薄切りにする。
3. 豚肉はすべてぶつ切りにする。
4. オリーブオイルをひいた鍋にパイナップルと玉ねぎ、にんにくを入れ、塩をひとつまみ加えて弱火で火にかける。
5. 鍋に水分がでてきたら豚肉を入れ、ローズマリーを加えて蓋をする。５分おきにかき混ぜながら、そのまま弱火で40分くらい煮込む。
6. ５をグラタン皿に移し、220℃のオーブンに入れる。様子を見ながら、５〜７分程度で取り出す。
7. みじん切りにしたピクルスを上にかけて、出来上がり。

赤玉ねぎとパクチーとパイナップルのサラダ

材料【2人分】

パイナップル　50g
赤玉ねぎ　1/2個
パクチー　10g

A
塩　適量
クミン　小さじ1/2
赤ワインビネガー　10cc
オリーブオイル　20cc

【つくり方】

1. パイナップルを薄切りにする。赤玉ねぎはスライスして軽く水にさらす。パクチーは粗めのみじん切りに。
2. Aをボウルに入れ、そこに1を加えて和える。

※茹でた豚ひき肉やナンプラーを加えると、タイ料理風に。

3章

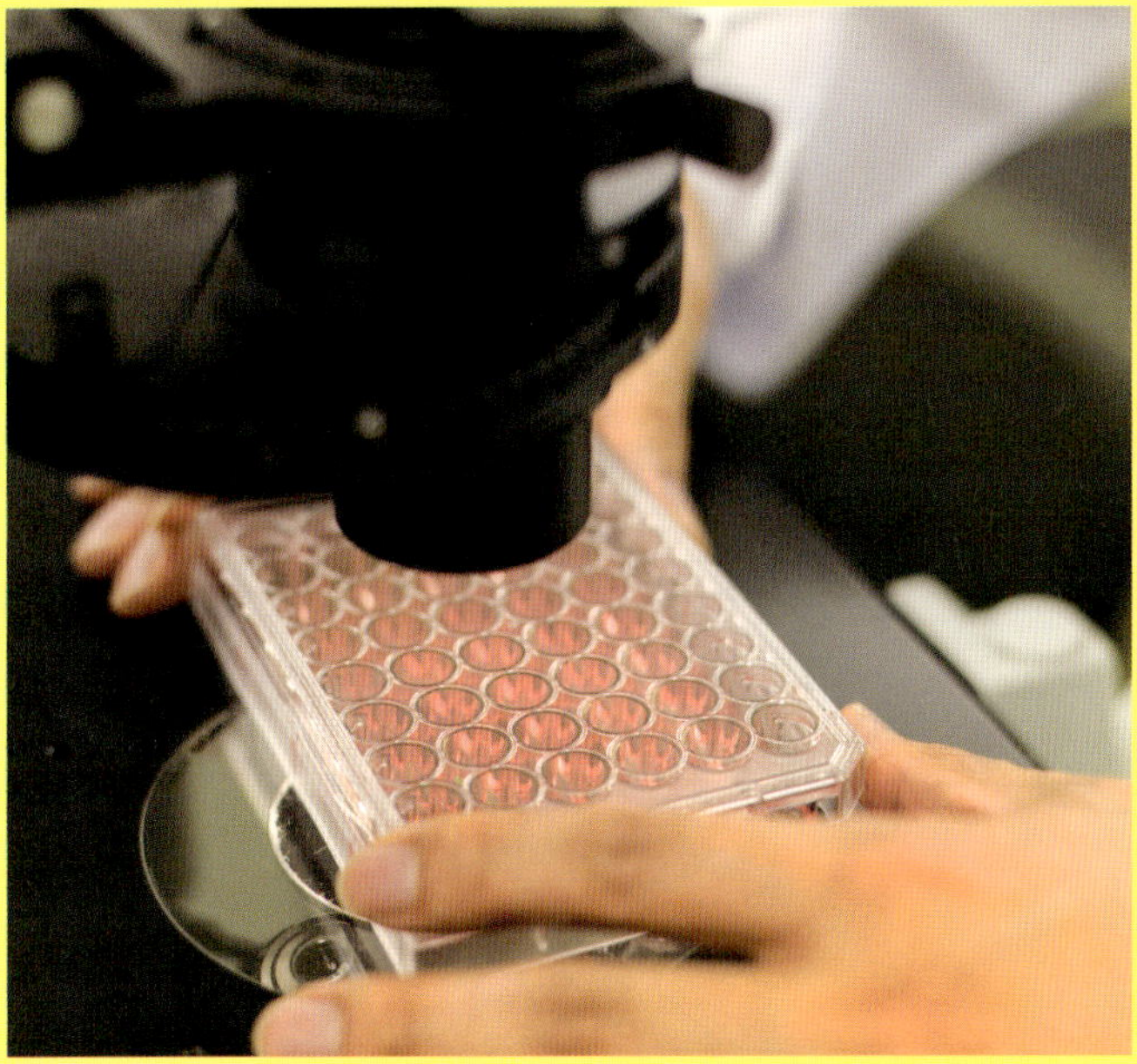

ここが、パイナップルの最先端かも

広島発、最先端のパイナップル研究

世の中にはずいぶんとおもしろい研究にいそしむ人たちがいるものだ。

小難しそうな物理の数式や、聞いたこともない横文字が並ぶ研究の話だと、ちょっと腰が引けるけれど、「パイナップルのことを調べてるんですよね」なんてフレーズには、なんだかおもしろそうで、耳がピクリと反応する。ましてやその研究に「お肌に」とか、「うるおいが」とか、そんなキーワードが出てこようものなら、身を乗り出して真剣に聞き入る女性も多いはずだ。

駅の北側にそびえる福山城をあとにして、クルマで走ること三十分。芦田川を右手に見ながら小高い山をのぼっていくと、頂きの開けた場所にその研究所はあった。

広島県福山市にある丸善製薬の総合研究所を訪れたのだ。

「総合研究所」と銘打つだけあって、そこでの研究や開発は多岐にわたる。国内外を問わず有用な天然素材の探索をおこない、長い経験で培った分析技術や最新の評価技術をもとに、さまざまな商品を生みだしてきた。

この丸善製薬は昭和十三年の創業以来、植物由来の原料の開発や生産をおこなってきた原料メーカーである。そうした会社が近年、力を注いでいる研究のひとつがパイナップルだという。

張りだした屋根の緑と外壁のレンガ色が印象的な同研究所は、とても見晴らしのいい場所にある。この建物のなかで、じつは世界でも最先端をゆく、パイナップルに関するとある研究がなされているのだった。

美しさを求めてたどりついた、セラミド

「開発がスタートしたのは二〇〇八年です」と、同社の応用開発部・食品開発グループで働く田川岳さんが説明してくれた。

田川さんはさまざまな植物の原料の調査から、抽出技術の開発、成分の分析にいたるまで、さらには研究所で試作した新たな原料が工場で再現できるかなど、開発の最前線で活躍されている研究者だ。

「口にするもの、つまり飲むもので、身体の中から美しくしたい、という思いから、そもそも研究がはじまりました。その過程では最初、身体のどこに、どんなふうに効果があらわれたら、体感してもらいやすいのかを考察していました。調査をすすめていくうちに、それは肌の表面ではないか、とひとつの仮説が立ちました。肌にターゲットをしぼったあと、今度はそこでセラミドという新たなキーワードが浮かびあがってきたのです」

セラミドとは、皮膚の上の層にある角質層の主成分。細胞間脂質を構成する成分のひとつだ。セラミドは肌から水分が失われるのを抑えたり、外の刺激から肌を守るバリアの役割を果たしたりする。

もともと人間の肌にそなわっている成分だが、近年では化粧品の保湿成分としてもよく知られる。コラーゲンやヒアルロン酸に次いで注目されている美容成分でもあった。

「体内のセラミドは加齢とともに減っていくことがわかっています。セラミドを増やし、活性化させることで肌にうるおいを与えたり、明るさ、透明感といったことに寄与できたりするのではないか、というのが開発の出発点でした」

この業界で植物由来のセラミドといえば、コンニャクがすぐに思いつく。ほかにも、米ぬかや小麦などからとったセラミドもある。

「当時の市場では穀物系のセラミドが主流でしたが、われわれが新たに原料を探していくなかで、感覚的なものなのですが、セラミドが肌をうるおすならば、やはり原料そのものにも、みずみずしさがほしいと考えました」

そこで田川さんらが狙いを定めたのがフルーツだったという。どのフルーツが、もっともセラミドの含有量が多いかを調べたのだ。

「ふつうに売っているフルーツを買ってきては、かたっぱしから調べました。基本的にどんなフルーツにもセラミドは少量含まれていますが、突出していたのがパイナップルでした」

パイナップルありきで開発がすすんだのではなく、結果としてパイナップルにたどりついたというわけだ。

それにしても、フルーツの種類は山ほどある。ひと口に調べるといっても、

OLYMPUS
JAPAN
OLYMPUS
JAPAN

闇夜の鉄砲みたいなものだ。調べはじめた時点で、先行研究あるいは探しだす糸口はあったのだろうか。

「とくになかったと記憶しています。ゼロベースからのスタートでした。そのころフルーツ由来のセラミドというのはまだなくて、弊社が先端を行ってたのではないでしょうか。パイナップルから抽出したセラミドに、どういった活性効果や有効性があるかを調べるのは、また別の専門の人間がいまして」

そう言って田川さんは話のバトンを、基礎研究部・基盤技術グループで研究員を務める屋敷圭子さんにわたした。

パイナップルのセラミドの可能性

「パイナップルのセラミドがどんなふうにいいのか、と調べていくわけですが、わかりやすい例で説明しますと、皮膚にあるメラニンをつくる細胞を培養すると、育てていく過程で黒くなるんです。そこにそのセラミドを入れてみる。すると、あまり黒くならなくなる。続けて何回やってみても結果は同じで、綺麗にデータがそろう。黒くならないんですね。データを見て、もしかしてこれ、すごいかもしれない、と思うようになったんです。じつは本当のことを言いますと、セラミドで保湿以外の効果がでるのかな、と疑ってはいたんです。はじめは」と言って屋敷さんは笑った。

研究員のみなさんが当時、目指していたのは次世代の美容素材としての、パ

イナップルのセラミドだった。

「コラーゲン、ヒアルロン酸など、知名度もあって、高い人気を誇る素材があります。パイナップルのセラミドの研究で上がってくるデータを見るにつけ、そうした人気の素材にひけをとらないポテンシャルのあることが次第にわかってきました。研究していてすごく手応えを感じました。先ほどお話しした細胞の実験だけでなく、人の肌に近いような三次元の皮膚モデルを使ってデータもとりますし、あらゆる角度から検証を重ねました」

コラーゲンにしろ、ヒアルロン酸にしろ、ある意味それらの素材は、その効果を伝える強い言葉を持っている。セラミドでいうなら、「保湿」というキーワードが一般的には定着しているが、パイナップルのセラミドに、これ以上のフレーズはあるのだろうか。

「明るさです」と、屋敷さんは即答した。

隣にいた田川さんも同じく「明るさです」と言ってからこう続けた。

「保湿はもちろんですが、明るさからくる透明感であるとか、さらには化粧ノリがいいとか、もっと言うと、パイナップルのセラミドがもたらす明るさが、くすみの解消にもつながります」と語った。

世界有数のパイナップルの国からやってくる

二〇〇八年に研究がはじまり、製品として供給できるようになったのは

二〇一二年のこと。先のような有効性に関する研究をすすめる一方で、具体的なものづくりも並行して二〇〇九年にはスタートしたという。再び田川さんの話だ。

「そのころ、弊社はタイの政府機関と共同で植物の研究に取り組んでいました。そのつながりに加えて、タイは世界有数のパイナップルの生産国でもありますので、タイから原料を調達することにしたんです。ただし、タイからパイナップルそのものを調達するのではなくて、現地で一次加工、要は現地で抽出までおこなったものを、仕入れる仕組みづくりをはじめました」

研究室でつくったものを、大きな工場でも再現しなければならない。どんなものづくりにもついてまわる話だけれど、それはことのほか難事業だ。

「それだけで、結局二年くらいかかりました。抽出といっても、しぼればいいわけではなく、それ相応の技術、品質管理や安全性も必須で、当然工場や専門のラインも必要でした。現地のとある果汁メーカーさんと組んでつくることになりましたが、弊社からも技術者が出張し、抽出に関するさまざまな技術を伝えました。研究も苦労が多かったと思いますが、実験室で得た結果と同じものを、工場の大きな機械でつくりだすのも、本当にたいへんでした」

こうしてひとつの原料として生まれたパイナップルのセラミドの有効性は、大学の研究室をはじめ、民間の検査機関、医療関係の研究者らとともに、論文というかたちでも示されている。

たとえば、二〇一五年に発表された論文「パイナップル由来グルコシルセラミド摂取による肌のくすみおよび乾燥を感じる健常日本人男女に対する皮膚機能改善効果」では、皮膚の明るさを示す値が増加したことによる、くすみやキメの改善などが示唆されている。また、皮膚のバリア機能の改善や保湿効果、メラニン生成抑制効果などの報告もなされた。

屋敷さんは「明るさ」という点で次のように語った。

「肌の明るさを表す際、L*値という明度の単位を使います。この値においてパイナップルのセラミドは、ほかのセラミド素材と比べても非常に優位にあるデータがとれています」

小さく刻まれた、パイナップルの証

研究所で開発されたのち、工場で生産され、原料として世界中の化粧品ならびに健康食品メーカーへと出荷されていく。

ただし消費者の手元に届くころには、パイナップル由来のセラミド原料として、商品パッケージの裏書に小さく刻まれるのみだ。

「どこかのメーカーさんが、この原料を採用してくださって製品化され、ドラッグストアなどで売られているのを見ると、やはりうれしいです。その一部の原料をつくっているだけですから、商品の箱のどこを見ても当然、丸善製薬の名前はないわけで、〝これ、つくったんだよ〟と人に話しても、なかなか理解さ

れにくい面もありますが、わたしたちが手がけた原料名を見つけると、なんといいますか、やりがい、みたいなものは湧いてきますね、自分は」と田川さんは語った。

一方の屋敷さんは自身の仕事をこんなふうに話してくれた。

「基礎研究の部門にいるので、明けても暮れてもひたすら実験の日々です。でも、わたしは実験が大好きですから、そんな毎日が楽しくて。実験がうまくいかなくてつらいときもありますが、推理して、仮説を立て、実験して、データをとり、その結果が自分の考えや予測とピタッと合致したときは、本当に気持ちいいです」

パイナップルのセラミドの実験においては、屋敷さんが言うところの「ピタッと合致した」が、たびたび訪れたのかもしれない。

おふたりは「まだまだ、パイナップルの研究は続けていきます」と言った。研究員の方々はみなさん、折り目ただしく、きちんとしていて、まじめで、ていねいな物腰で話をされた。そういう人柄のみなさんが、研究をこつこつと積み重ねて生まれたのが、パイナップルのセラミドだ。近い将来、きっとまたパイナップルの新しい扉をひとつ、またひとつと開いていくのだろう。

福山の山の頂きにある研究所で、パイナップルで女性の美に貢献したいと願う研究員たちの奮闘は、しばらく続きそうだ。

4章

ひと味違う、甘いとすっぱいのストーリー

甘いとすっぱいの、その先へ

いい匂いがする。

フルーツパーラーを訪れた。まぶしいほどのくだものが並んでいる。くだものが、おのおのの色を発するように、それぞれが持ち分の香りを、おしげもなく放っていた。

幸せな気分にさせてくれる香りに満ち満ちた場所だ。

四季とともに香りの立ち方は微妙に変化するのだろう。桃の季節もある。ぶどうの季節もある。

この日は、パイナップルの匂いを求めてやってきた。

「くだもののことは千疋屋さんに訊け」だ。そんな格言めいたものは実在しないけれど、くだもののことをもっと知りたいとなったなら、その定石の一手目はここ、京橋千疋屋だと思う。

京橋千疋屋はロゴや看板にもその西暦の数字がしかと刻まれているように、一八八一年創業の老舗の果物屋だ。ここで果物仕入れ・企画担当の営業部長を務める根本克巳さんに話をうかがった。

まず手はじめに「おいしいパイナップルとは、どういうパイナップルを指すのか」を教わった。

「くだもの全般に言えることですが、糖度と酸度のバランスがいいものです。

最近のニーズとしては甘さが際立ったものが好まれる傾向にありますが、酸度を抑えただけの単純な甘さではなく、甘味と酸味がうまく調和したものがおいしいくだものだと考えています」と根本さんは説明した。

そうした味のバランスが取れていることを、根本さんは独特の言い回しで表現した。

「わたしたちは褒め言葉として〝味が濃い〟という言い方をします。もしくは〝コクがある〟と。逆に言いますと〝味が薄い〟というときには、あまりいい状態ではないことを意味します。パイナップルにおいても、コクがあって、さらには香りが立つものを、わたくしどもではお客さまに提供したいと常日頃から思っています」

昔はスターだった

その昔、パイナップルは高級品だった。舶来品として尊ばれた。いつのころからか、カットしたものがスーパーやコンビニなどに並び、手軽に楽しめるようになった。

パイナップルは民主化された、と言えなくもない今日がある。

「昔はパイナップルが、フルーツを詰めあわせた盛り籠の主役をなしていた時期もあります。ボリューム感が出ますし、見た目も映えますから。当時はそもそも、珍しい、高級なくだもの、というイメージがついていました」

もちろん今でも、贈答品としてのパイナップルが消え失せたわけではない。ただし数は極端に減っているらしい。

世の中のニーズは刻々と変わる。世の常であり、くだものも、しかりだ。「世代にもよりますが、皮をむく、という行為自体が敬遠される傾向にもありますし、ぶどうがいい例で、種を出すのが面倒、という話をよく耳にします。ですからぶどうは種のないものが好まれるようになってきました。そういう点では、パイナップルの皮をむくのは、リンゴの皮をむくのとは違って、ひと仕事ですからね。ですが、そうしたあたりを逆手にとって、パイナップルは、手をかけて楽しむもの、という考え方もありではないでしょうか」

たしかに、パイナップルをまるごと買ってきて、自分でカットするのは一大事かもしれない。

どうやって切るのが正しいのだろう、とパイナップルを前に腕組みし、固まる人も少なくない。現にウェブ上には「パイナップルの切り方」なるページや動画があふれている。

じつは、パイナップルには自分で切ってみてこそ体感できる、醍醐味がある。たとえば、葉のついた頭のほうをスパっと切り落とすと、空間があっという間にあの甘い香りで満たされる。その香りの立ちこめ方は想像以上だ。

思わず、目をつむって大きく息を吸い込みたくなる。

京橋千疋屋のそれは、ひと味違う

「パイナップルの良さのひとつに、あらゆる食材と相性がいいことが挙げられます。店のフルーツサンドもそうですが、パイナップルが入っていることによって、その甘みだったり、酸味だったり、ときには食感だったりが、ほかのフルーツやクリームとうまく調和するんです。それは別のデザートやジュースなどにも言えることです。あと、レストランのランチメニューでボリューム感のある内容の時は、デザートにパイナップルを少し添えることがあります。口がさっぱりしますし、パイナップルは消化を助けてもくれます」

パイナップル好きにとってパイナップルはフルーツ界のスーパースターだ。たとえ脇役にまわったとしても渋い演技をみせてくれるところが、またにくい。

根本さんの話には、パイナップルはもちろん、フルーツ全般に対する深い愛情を感じた。その深さゆえに、どんなくだものに対しても、きめ細やかな気配りが行き届く。いいところも、わるいところも全部知ったうえで、そのフルーツが持つ美徳をていねいに導き出しているようだった。

こうしたものが渾然一体となって、京橋千疋屋のくだものの「コク」や「濃さ」に反映されるのではないか、とも思う。

たとえば同じ品種のパイナップルでも、京橋千疋屋のそれは、ひと味違う。その理由のはしっこに触れた気がする。

「パイナップルの舟盛り」

①パイナップルの頭を切り落としてから、縦半分に切る。

②皮にそって上から刃を入れる。

③底の部分は上からだと切りにくいので、写真のように皮の外側から刃を入れて切る。

④果肉を取り出す。残った皮の部分は、皿になるのでとっておく。残りの半分も同じようにする。

⑤取り出した果肉を縦半分に切る。

⑥芯の部分を切り取る。

⑦2cmくらいの厚さに切る。

⑧切った果肉を芯があったほうを内側にし、盛り付けていく。

⑨半身は写真のようにして盛る。

⑩残りの半分のパイナップルの果肉も上に盛り付ける。

5章

ふるさと、のようなレシピをひとつ

本当にやわらかくなるから

東京は青山にある料理屋「琉球チャイニーズTAMA」はいつも混んでいる。テーブル席やカウンター席は当然いっぱいだ。オープンキッチンのカウンター前にも、立ったままの客の、何やら楽しそうにワイワイと飲んだり、食べたりする姿がある。

本来その空間はウェイティングスペース。ところがオーナーシェフである玉代勢文廣さんがキッチンに立つと、そこに自然と人があつまってくるようだ。玉代勢さんが料理するのを眺めながら、客はワインを飲む。玉代勢さんと会話をしながら、客は軽めの前菜をつまむ。

その場所はある種の特等席なのかもしれない。

取材で訪れた日も、そんないつもの晩と同じような雰囲気で、カウンター越しに玉代勢さんからパイナップルの料理を教わることができた。

「トンテキからはじめてもいいですかね。三十分ぐらい漬けておけば十分かな。漬けている間に、ソムタムをつくっちゃいましょう」

玉代勢さんが用意してくれたメニューは次の三つだった。

「トンテキ シャリアパイン」「パイナップルと人参のソムタム」「パイナップルとミントのカルピスサワー」。

一番目の「シャリアパイン」とは、よくある玉ねぎを使った「シャリアピン

ステーキ」をもじったものだ。

「肉をやわらかくするために、普通は肉を叩くんだけど、パイナップルを使うから、そんな必要はないんです。厚い肉でも驚くほどやわらかくなるから。パイナップルってその分解酵素で肉をやわらかくするっていわれてるでしょ、あれ、ほんとにそうだから。一度、使ってみたらよくわかりますよ」

　そう言って玉代勢さんはおろしたパイナップルと玉ねぎを肉にすりこんだ。

そのパイナップルはうさぎの耳？

「ソムタムっていうのはタイ語で、ソムがすっぱい、タムがつっつくという意味です。人参は、沖縄料理のシリシリで使うものと同じで、千切りにします。あくまでもパイナップルがメインなので、人参は少なめ」と言って、玉代勢さんはパイナップルを切りはじめた。その切り方がちょっと変わっていた。乱切りの範疇に入るもののようだが、それにしては切った実が細い。とはいえ千切りとまではいかない。

「中国の料理では〝兎耳〟と書いて〝トゥアール〟と読むんだけど、細長い乱切りのことをそう呼んでます。ちなみに、ふつうのコロコロっとした乱切りは〝馬耳〟と書いて〝マアール〟っていうんです」

　玉代勢さんは、沖縄料理にも中国の料理にもじつに造詣が深い。

「父が中国人で、母親が沖縄の人です。おばあさんが、家庭中華料理が得意だっ

たっていうのもありますが、僕自身は日本料理屋で板前として修業してましたからね。どうなんでしょう、石垣島や黒島によく行くんですが、そこでは年配の方たちから、昔の料理の仕方を教わったりはしてますけどね。あとは自分で本を読んだりして勉強してます」

沖縄や中国では料理に、パイナップルを日常的に使うのだろうか。

「うーん、沖縄ではそのまま食べますね（笑）。中国ではどうだろう。やっぱり酢豚かな。豚とは合いますからね。相性でいえば鴨とパイナップルもいいですよ。鴨は南国のフルーツを使ったソースとよく合うので。今回のレシピでもありかなと思ったんですが、家で鴨肉はなかなか使わないですよね」

パイナップルが最高の料理人とめぐりあった日

野菜を和え、肉をソテーし、ドリンクをつくり、完成をみた。まずは「パイナップルと人参のソムタム」からいただいた。先に記した「細長い乱切り」のパイナップルが効いている。パイナップルが主役をはりつつも、ほかの食材の味をじゃましない。そのバランスがいい。

この切り方しかありえない、とさえ思えてくる。

玉代勢さんは「甘ずっぱ、しょっぱい」と表現した。まさにそのとおり。そしてそこには中国、沖縄、タイが同居している。食べるなら、熱帯夜でたまらなく暑い日だ。ナッツとエビの風味も絶妙で「けっこういい縁の下の力持ちに

TAMA

琉球チャイニーズダイニング TAMA
東京都渋谷区渋谷 2-3-2　Tel : 03-3486-5577
営業時間 : 18時～27時
定休日 : 年中無休
http://tama2007.jp/

なってるでしょ、そのふたつが」と玉代勢さんは言った。

次は「トンテキ シャリアパイン」を食べた。最初はナイフを入れて切り分けようとしたが、すぐにその必要のないことがわかった。フォークでことたりるし、箸でもかんたんに捌ける。「ね、やわらかくなってるでしょ。だいじょうぶ？っていうぐらい厚めに切った肉でもこうなります」と玉代勢さん。その、やわらかさの勢い、みたいなものは口のなかでも健在だ。口に運んだ肉は、軽く噛むと、ソースのなかの粗く切ったパイナップルや玉ねぎとともに、じんわりとろけるように消えた。

ソースは、ウスターソース、砂糖、みりん、ケチャップでつくったもの。「どこの家庭にでもある調味料でできるように」ということらしい。心の底から、本心で、「ぜひ、ご家庭でもおためしください」と言いたくなる料理だ。

最後の〆は「パイナップルとミントのカルピスサワー」。玉代勢さん曰く「これはオマケです」とのこと。

「一応、この三品でパイナップルをまるごと一個、使い切った計算になります」と玉代勢さんは言った。こちらからそういうオーダーをしたわけではないが、玉代勢さん流の、パイナップル料理に対する心くばりなのだろう。

玉代勢さんが立つオープンキッチンの前に人だかりができるのも、なんだかわかるような気がしてきた。そしてこの日、カウンター越しに見えたのは、最高の料理人とパイナップルとの邂逅だった。

トンテキ
シャリアパイン

材料【２人分】

豚ロース肉　200g×２枚

マリネ液用
　パイナップル　1/4 個
　玉ねぎ　1/2 個

ソース用
　A パイナップル　1/8 個
　　玉ねぎ　1/2 個
　B ウスターソース　100cc
　　砂糖　大さじ1
　　みりん　大さじ1
　　ケチャップ　大さじ1

塩、こしょう　適量

【つくり方】

1. マリネ液用のパイナップルと玉ねぎをすりおろして、バットに入れる。
2. 豚ロース肉に軽く塩こしょうする。油をひいたフライパンに入れ、表面に軽く焼色がつくくらいに焼く。
3. ２を１のバットに入れる。マリネ液が豚ロース肉にまんべんなく絡まるようにして、30 分程度漬ける。
4. ソース用 A のパイナップルと玉ねぎを、粗めにみじん切りする。ソース用 B の調味料を合わせておく。
5. ３の豚ロース肉のマリネ液を軽く落とし、バットから取り出す。熱したフライパンで、両面を強火で焼いてから、バットに残ったマリネ液を加えて蓋をする。中火で４〜５分煮込んだら、豚ロース肉を取り出す。
6. ５のフライパンに、４をすべて入れ、強火で沸かす。濃度（とろみ）がでてきたら火を止める。
7. 豚ロース肉を食べやすい大きさに切り、皿に盛る。上から６のソースをたっぷりかけて、出来上がり。お好みでクレソンやレモンなどを飾って。

パイナップルと
人参の
ソムタム

材料【２人分】

パイナップル　1/2 個
人参　1/2 本
パクチー　適量

A
にんにく　２かけ
無塩ピーナッツ　大さじ1
干しエビ　大さじ1
ナンプラー　大さじ１と1/2
砂糖　大さじ1
ライム（しぼる）　1/2 個

【つくり方】

1. A をボウル、もしくは茶碗に入れる。すりこぎで無塩ピーナッツとにんにくをつぶしながら、全体を混ぜる。
2. パイナップルは細い乱切りに、人参は粗めの千切りにして、軽く混ぜ合わせる。
3. ２に1をかけてよく混ぜ合わせる。最後にパクチーを加えて、軽く混ぜ合わせたら出来上がり。

※辛いのが好きな人は、お好みでコーレーグース（大さじ1くらい）をかけると、より辛みが引き立つ。

パイナップルと
ミントの
カルピスサワー

材料【2人分】

パイナップル　1/8個
ミント　ひとつまみ ×2
カルピス（原液）　60cc ×2
泡盛　60cc ×2

【つくり方】

1. パイナップルをすりおろす。
2. ふたつのグラスにミントをひとつまみずつ入れ、すりこぎの先で軽くつぶす。香りが出るくらいになったらOK。
3. 2のグラスに1を半分ずつ入れ、カルピスと泡盛を各60ccずつ加える。マドラーでよくかき混ぜたら出来上がり。

6章

こうして、パイナップルは大人になる

パインアップル研究所？

日本一のパインアップルの場所に来ている。

何がいちばんなのか。生産量や消費量といった客観的な話ではない。「おいしい」みたいな主観的な話でもない。

パインアップルのことをいちばん知っている人たちが集まる場所、という意味合いでの、「ここ、日本一じゃない？」である。

パインアップル研究所？

そんなものは日本のどこにもない。

けれども、パインアップルの本をつくるうえで、パインアップルを研究する場所を訪れ、専門家なる人物にどうしても会ってみたかったのだ。

だからばかみたいに、グーグルで「パインアップル研究所」と検索をかけてみたりもした。当然、そんな機関はない。

取材で会った方々に幾度となく尋ねたり、本でも調べたりした。するとどうやら、とある方面にありそうな気配があった。何人かの人が口をそろえてこう言った。

「沖縄にあるよ」

一日二百個のパインアップルと激動の歴史

「これからの夏場は、一日に、まあ二百個近くは食べなきゃいけないので」と、沖縄県農業研究センター名護支所（本所は糸満市）の果樹班で、主任研究員を務める竹内誠人さんは言った。

この言葉を聞いて、つくづくここに来てよかった、と思った。

なぜなら「二百個のパインアップル」とは、まごうことなき達人の言葉だからだ。「パインアップルのプロ」であることを、そのとてつもない数が証明している。

もちろん、竹内さんはまるごと二百個食べるわけではない。

その「食べる」は試食、試験を意味した。長い年月をかけて研究し、育てたパインアップルが、品種登録できるほどの品質にあるかどうかを調査するのだ。

いいなあ毎日新鮮なパインアップルが食べられて、と思うのは早計で、「一個につきひとかけ食べて、食味をチェックするんですが、一度にそれだけの数を食べると、唇が切れるんですよ。味はおいしいからいいんですが、痛くなるのがちょっとね」とのことらしい。

この研究センターは平成元年に「パインアップル育種指定試験地」として設置された。その生い立ちをさかのぼると、嚆矢は大正四年に国頭郡名護村に設置された県立の試験場だ。

※この章では沖縄県の表記にならい、「パイナップル」を「パインアップル」と表記します。

大きく解釈するなら、百年あまりのパインアップルのストーリーがあることになるわけだが、その歴史はなかなかに厳しい時代を歩んできたようだ。

そもそも沖縄のパインアップル生産は缶詰加工業との連携で発展した。戦後、パインアップルは地域の経済を支えるたいせつな役割を担った。最盛期には二十五の加工場が稼動していたという。

ところが、一九六一年からはじまったパインアップルの輸入の自由化、一九七〇年代後半の海外産の価格攻勢、さらには一九九〇年の輸入缶詰の自由化などが、沖縄のパインアップル生産に暗い影を落とした。

農林水産省の統計を見ると、加工用のパインアップルの生産量は一九八七年に約三・五万トン近くあった。しかしそこから毎年、角度のきつい右肩下がりとなる。二〇〇〇年代に入ると一万トンを切った。

ただしこの統計データは、見方を変えれば興味深い箇所もある。

二〇〇四年あたりを皮切りに、生食用のパインアップルの生産量が加工用のそれを上回りはじめたのだ。しかも生食用のパインアップルは、わずかではあるものの、生産量は右肩上がりで推移している。

つまり日本のパインアップルは息を吹き返し、今日では発展途上にあるとの捉え方も可能だ。

額面通りに受け止めるなら、これは沖縄県農業研究センターの手腕と、それを実際の畑で結実させた農家のみなさんの手柄だろう。

こうしてパインアップルは大人になる

研究センターの手がける育成品種が登録されるまでには、じつに十五〜二十年あまりの年月を必要とするそうだ。

その十余年を駆け足で紹介する。まずは優良な親品種の選抜からはじまり、一年目は交配や採種ののち、育苗に費やされる。

二年目以降は、一次選抜試験、二次選抜試験、三次選抜試験を行う。パインアップルはおよそ二年で実になるわけだから、たとえば一次試験で「よし、いいのができた！」となっても、次なる試験をクリアするには再び二年の期間を擁するのだ。

三つの試験をクリアするころには、もうすでに十数年の年月が過ぎていることも少なくないそうだ。そのあとは、おもに沖縄本島北部と石垣島の地域で系統適応性検定試験なるものを実施する。おおざっぱに言うと、それぞれの土地で栽培してみて、試験通りのパインアップルの実がなるかを見極めるのだ。

こうしてようやく、ひとつの品種が生まれる。

「これまでに、生食用で六つの品種を育成してきました」と、同じく研究員の諸見里知絵さんが説明した。

六種とはソフトタッチ、ハニーブライト、サマーゴールド、ゆがふ、ゴールドバレル、ジュリオスター。あまり聞き慣れない名前もあるが、このうちのソフトタッチは「ピーチパイン」の名で世に知られる品種だ。

研究センターの畑にある品種登録前の、育成中のパインアップルのうちとくに優秀な系統は、次期品種候補として「パインアップル沖縄○号」の名があてがわれる。系統が増えるたびに、1号、2号とその数字があがる。

ちなみに、栄えある「パインアップル沖縄1号」はソフトタッチだ。見学した畑には「パインアップル沖縄17号」と記したパインアップルがあった。

まだ名もなき「17号」。いったいどんな名前がつくのだろう。誰が名付け親になるのか。

「これまで品種名は自分たちで考えて、出願してきました」と竹内さんが教えてくれた。今後、品種名は「沖農P○○」で登録し、それぞれに商標をつけることになるそうだ。

そのパインアップル沖縄17号を試食させてもらったが、素直においしいと感じた。見た目も立派で、香りもふくめ、じつに完成度が高いパインアップルだと思った。それほどの出来だけに、品種名が正式についたのち、どんな呼び名(商標)でデビューするのかが、すごく気になるし、楽しみだ。

丸く生きるな、もっと角ばれ

研究センターの敷地内にある、パインアップルを育てる「育種選抜園場」の一部を見せてもらった。

とある一角は、成熟したパインアップルがずらりと並んでいた。そうした場所は目の細かいネットで厳重に覆われている。一つひとつの実が紙でくるまれた場所もあった。

「パインアップルは、時間はかかるけど、もともと強いんでね。育てるときに気をつけるのは、カラス、日焼け、あとはやっぱり台風ですかね」

竹内さんとそんな話をしながら見てまわった畑のパインアップルは、どれも健康優良児のように、健やかに育っていた。

なかには真円に近い、まん丸のパインアップルもあった。じつに愛くるしい姿だった。

「横から見て、形は丸いより、四角いほうをよしとしています。そのほうが食べられる部分が多くなるので。この一角だけで三次選抜のものが一八〇本ありますが、いま狙っているのは、ああいうタイプです」と言って竹内さんが指差す方向にいたのは、葉が小さくて実が大きいパインアップルだった。

「育生の段階にもよりますが、近頃は外見で〝これがよさそうだな〟っていうのを選ぶことが多いかもしれませんね。外見で選べるようになった、ということでもあるんです」

つまり味の品質は基本的に保たれている、ということなのだろう。

「沖縄のパインアップルは〝やわらかくていい〟とほめていただくことが多いようです。ですが、やわらかいほど日持ちしにくい、という弱点もありまして。

最近はカットして売られるものが主流になってきています。その場合はやはり、かたくて、型くずれしにくい、汁も出にくいものがいいんですね」

さぞかし、美しいパインアップルに違いない

現在、竹内さんが理想とするパインアップルについて尋ねてみたところ、次のように語った。

「自分のイメージだと、果実が一・四キロ。形は長方形に近い円筒形。果皮の表面はなだらか。色は発色のいいオレンジ。さきほども言いましたが、冠のように上についている葉は小さく。糖度は一八度、酸度は〇・七度くらいでしょうか。あとは果実以外の、吸芽やえい芽といった箇所にも、大事な要素はたくさんあって、栽培の効率とか、育てやすさとか、研究を重ねていきたいことはまだ山ほどあります」

竹内さんの思い描く理想のパインアップル像は明確だ。きっと、さぞかし美しい姿となって畑にその実をあらわすに違いない。

「まあ、うまくいっても早くて十年後ですけどね」と竹内さんは言った。

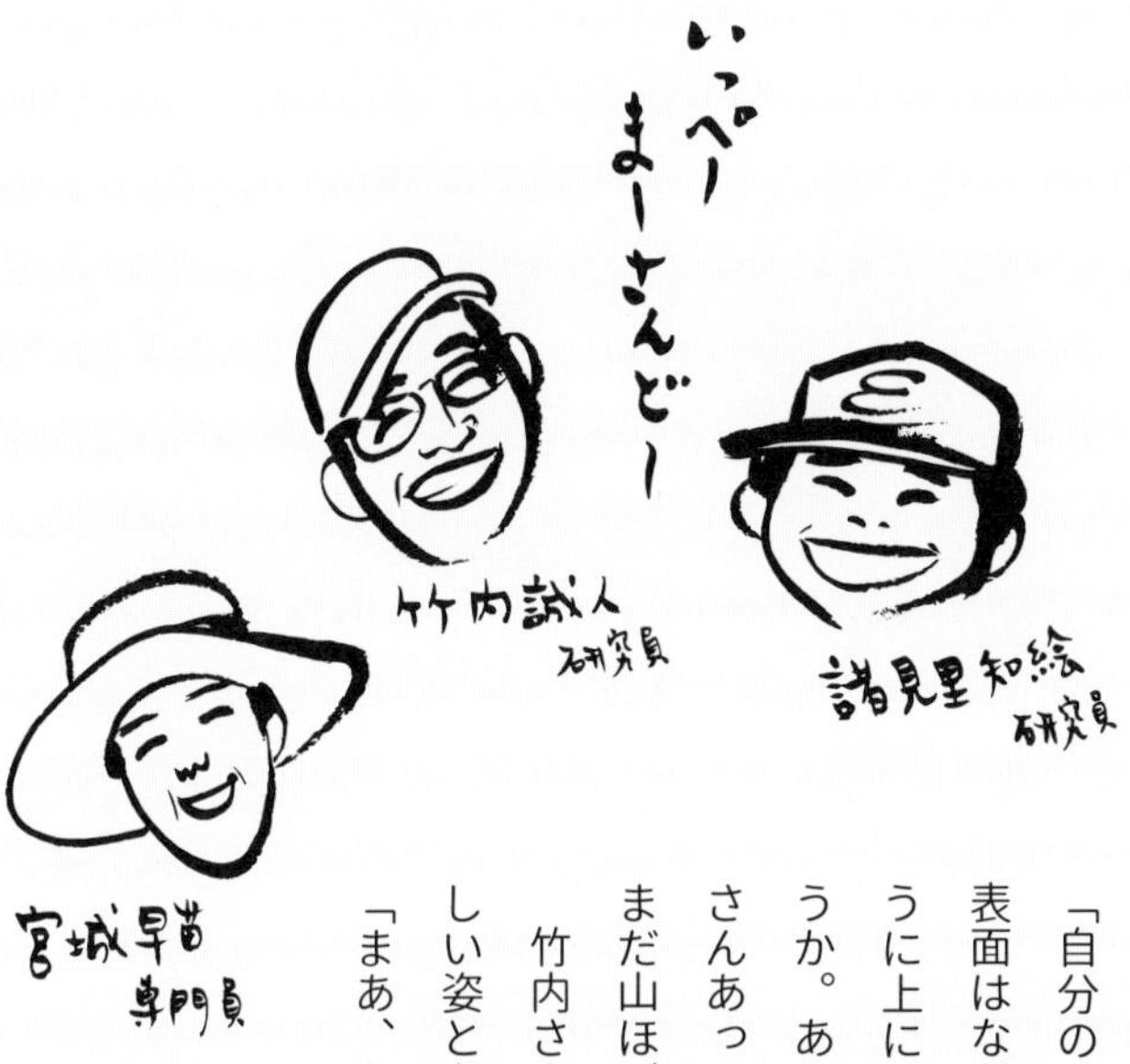

パイナップル新聞

2016年（平成28年）
8月17日
水曜日

天気

パイナップルの日だから晴れたらいいなあ

パインの未来を築く!
パイナップル工業
なんちゃって

今日のパインNEWS

- 地面から生えていた！との目撃談あり
- 今、注目の美容素材はパイナップル由来
- 酢豚のパイナップル問題、ついに決着か

猛暑続く 最高のパイン日よりに

パイナップルの日を祝う人各地で続出か

今年もパイナップルの季節が到来した。8月17日はドール社が制定した「パイナップルの日」。察しのいい人はもうお気づきだろう。そう、「パ(8)イ(1)ナ(7)ップル」という語呂合わせだ。またこの日とは別に沖縄県や農林水産省などが定める8月1日の「パインの日」もある。こちらはもちろん「パ(8)イ(1)ン」だ。

こうした記念日は、8月1日〜31日までの1か月間を、パイナップルの消費拡大月間にしようとする試みだ。毎年、この時期になると各地でパイナップルを楽しむ光景が見られる。

近年、アジア地域におけるパイナップルの消費量は増加傾向にあり、ここ日本でもパイナップルの人気は高まっている。その発端のひとつに、アジアでトップシェアを誇るドール社が提供する「スウィーティオパイナップル」がある。日本市場での販売は2003年からだが、ドール社では90年代後半より開発を進めてきた品種だ。同社の発表によれば「日本人の味覚に合わせて開発しました。豊潤な甘さと香りが特徴です」。果肉は鮮やかな黄色で「黄金パイン」とも称される。

この「スウィーティオパイナップル」はフィリピンからの輸入。同国は世界第三位のパイナップルの生産国だ。ドール社は1963年よりフィリピンの南、ミンダナオ島でパイナップル農園を営んできた。この農園がある土地は年間の平均気温が20℃以上で、昼と夜の寒暖差が大きく、年間の降雨量、土壌の水はけ、風通しなど、パイナップル栽培に最適な条件が整う。収穫後は約5日間の船旅で日本の港に到着する。

専用船が8船あり、日本の4つの港に週2回のペースで運ばれる。船倉はパイナップルの品質保持に適した7℃前後に保たれている。こうした輸送手段及び技術の発達も、時期を問わず日本の食卓に新鮮なパイナップルが届く大きな理由の一端を担う。ちなみに、それらの船のひとつには「トロピカルスター」なんていう、愛嬌のある名がついていたりもする。

日本ではまだあまり知られていないが、毎年ベルギーで開催されている「iTQi（国際味覚審査機構）」のコンテストで、ドール社のパイナップルは2013年より3年連続で「優秀味覚賞三ツ星」を受賞した製品に与えられる「クリスタル味覚賞」を受賞。この夏も、世界が認めたその「賞の味」を存分に楽しもう!

パイナップルの選び方・保存の仕方

パイナップルは追熟しない

おいしいパイナップルの見極め方は、まず外見がふっくらしていること。形がいびつなものや、表面がひどくゆがんでいるものは避ける。店頭に複数あれば、手に持ってみてズシリと重いほうがベター。

そしてここからが、もっとも重要な話。じつは、パイナップルは追熟しない。ほかのくだもののように、寝かせておけば甘みがましてくることはないのだ。すなわち、勝敗は選んだ時点でついている。

では、どんなものを選べばハズレないのか。よく表皮の色が話題にされる。一般的には黄色いものほど熟して甘く、青いものほど未熟で酸っぱいといわれる。ここで気をつけたいのが、熟れすぎたタイプで、甘みはあっても味全体が古ぼけている可能性がある。黄色ければいいというわけではないのだ。

経験上、パッと見て、表皮の柄のコントラストがパキっとはっきりしているものが、果肉がみずみずしい傾向にあるようだ。さらにはハワイ種のパイナップルは表皮が青みがかっている状態で完熟しているので、品種によっては青っぽいからといって熟れていないわけではないので、注意が必要だ。

あとは、匂いをかいでみて、芳しい香りがあるか、念を入れるなら、パイナップルをひっくり返して底を見て、カビが生えているなど悪くなっていないかをチェックしてみよう。

保存するときは葉を下に。

下から熟すので下のほうに糖分がたまりやすい。

保存する際は7℃前後が最適。また糖分がお尻のほうに下がっていることが多いので、家で少し置いておくときは、葉のほうを下にして保存すると、糖分が全体に均一にまわる。

パイナップル界の都市伝説には「クラウン（上の葉）が小さいほうが甘い」というのがあるらしいが、各方面に聞いてまわったところ、その確証は得られなかった。クラウンの伝説は謎のままだ。

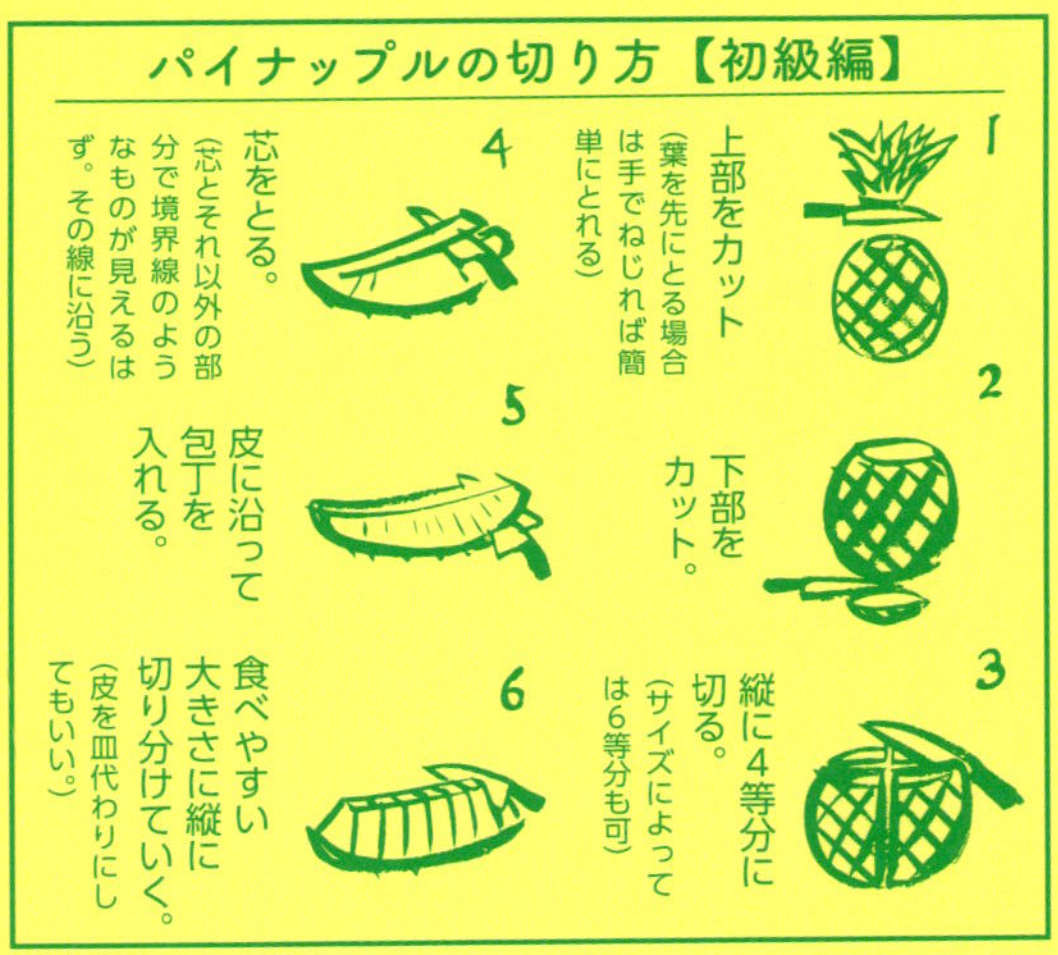

パイナップルの、真の歴史を知りたいなら

パイナップルの歴史

カオリ・オコナー 著　大久保庸子 訳　原書房

本書『パイナップルぶるぶる本』も、ずいぶんとこの『パイナップルの歴史』という本にはお世話になった。歴史を理解するうえで、この本がなかったらと思うと、ぞっとする。それほどまでにパイナップルの詳しい歴史が記された本なのだ。この本はイギリスの出版社「Reaktion Books」が刊行する、食の文化・歴史を扱った The Edible Series のなかの一冊。著者であるカオリ・オコナーは、食物史の優れた研究などに与えられる「ソフィー・コウ賞」を2009年に受賞している。

パイナップルを、という衝動はいずこから

ラハイナまで来た理由

片岡義男 著／同文書院

作家・片岡義男、といえばバイク、いやいやハワイだよ、という人もいるだろう。個人的には「食」だ。片岡さんが書く食べ物の描写を、一行でも身体のなかに入れると、あとでかならずふと、あ、あれが食べたい、という衝動にかられる。短編「片仮名ではスパム・アンド・エッグス」（『ラハイナまで来た理由』に収録）に出てくるパイナップル・ジュースもそうしたもののひとつだ。たとえばホテルの朝食で、気がつくとパイナップル・ジュースを頼んでいる。それはいつだって片岡さんのせいだ。

パイナップルで表現する

芸術的なカット

「フルーツアート」というジャンルがある。このアートシーンはけっこう熱く、たとえば「日本フルーツアートデザイナー協会」なる団体もあるし、各地で教室なども盛んに開かれている。「フルーツをいかに切り、盛るか」という次元を超え、フルーツがキャンバスというか、石膏になるわけで、とにかくフルーツを使った何かで自由な表現が続々と生まれている。こうしたシーンでも、パイナップルは活躍する。ハリネズミや亀になったパイナップルもあったりして、ほんと、ゲイジュツ的です！

パイナップルも、描いておいてくれよ

近年、バナナの勢いがすごい。パイナップル好きとしては複雑な気分。ちきしょう『ザ・ヴェルヴェット・アンダーグランド・アンド・ニコ』のジャケをウォーホルがバナナじゃなくて、パイナップルにしてくれてたらなあ、なんていうのはお門違いだけれど、パイナップルだってそれなりに頑張っている。というわけで和モノの昭和歌謡を３つご紹介。曲では田代みどりの「パイナップルプリンセス」、いしだあゆみの「パイナップル・ラブ」、アルバムではやはり松田聖子の『Pineapple』。

パイナップルがすっぱかったあのころ

スタジオジブリの名作『おもひでぽろぽろ』で、パイナップルが登場する印象的なシーンがある。家族がはじめてパイナップルと対峙する様子が描かれているのだ。それは昭和40年代ごろの一般的な家庭の光景。パイナップルがまだ貴重で高級品だったころの話で、切り方がわからず手をこまねく様子がほほえましい。そしてまた、その香り高さとはうらはらに、口にしてみると存外すっぱいことに意気消沈する家族の姿もあった。これが当時のパイナップルのリアルだ。

パイナップル新聞

000001号（きまぐれに）

地面から生えていた！との目撃談

パイナップルは小さな花の集まり

パイナップルという植物に関して、声を大にして伝えたいのが、パイナップルは地面から生えている！」ということだ。木の枝、蔓に垂れ下がって実るのではなく、下からにょきりと生え、咲いた花のような状態で、てっぺんにぽっこりと、実がなる。成長すると高さは、およそ1～1.2mになる地生植物だ。

また、多年生というのも大きな特徴のひとつだ。品種によって異なるものの、畑では植え付けをしてから実がなるまでには約2年かかる。苗を植え付けてから収穫までを駆け足で追いかけてみよう。

苗を植えると1か月程度で新葉が伸びはじめる。そこから約半年のあいだに葉がひと月あたり4、5枚生え、成長する。葉の長さは大きくて90cmほどに。ざっくりな説明をすると、たとえば春に植えると、夏、秋とかけて成長し、冬の間は生育が停滞し、気温のあがりはじめる春先ごろから再び生育がはじまるのだ。

そしてここから先がパイナップルの生育のハイライト。植え付けから約1年あまりを経て、株の中心から花穂があらわれる。そのころ花軸の長さは20cmを越えるほどに成長し、先端からは赤色をした蕾が顔を出す。その蕾が成長すると紫色の花を咲かせる。花は果梗部（下のほう）から開花し、すべての花が咲くまでにじつに2～3週間かかる。60～140個の花が咲く。パイナップルはある意味、花の集合体であり、ふだん目にする果実は、咲いた花のなれのはて、という見方もありだ。

開花後、結実すると果実がどんどん大きくなり、誰もが知るあのパイナップルの姿を目にすることができる。ちなみに、果実の成熟も花とおなじように、果梗部から上に向かってすすむ。

こうした過程のなかで、果柄（果梗）部からはえい芽と呼ばれる新しい芽が出てくるが、これは摘みとって種苗として利用する。また、葉の間から発生する吸芽と呼ばれるものは、株出し栽培に利用する。さらには、果実の頂部にも冠芽という芽が出てくるが、この芽は果実の栄養をうばってしまうので、それ以上大きくならないように上のほうだけ摘みとる。

これがパイナップルの実ができるまでの、2年あまりのあゆみだ。

ちなみに、表皮にあらわれるあの独特の柄には、神秘の数列が存在するといわれている。それはフィボナッチ数列。中世のイタリアの数学者レオナルド・フィボナッチが考案した数列だ。その定義は「$a_1=1, a_2=1, a_n=a_{n-2}+a_{n-1}(n \geqq 3)$」。

数字にすると、1、1、2、3、5、8、13……となり、要は連続した2項の和が次の項になる数列だ。で、ここに出てくる数字が自然界のさまざまな数と関連しているというのだ。それは花弁の枚数だったり、ひまわりの種の配列だったり。そう、パイナップルの表皮の螺旋状にならぶあのボツボツもしかり、なのである。

ところで以前「地図上で、パイナップル畑は、果樹園と野菜の畑の、どっちの記号を用いるべきか」という問題が勃発したことがあるそうだ。パイナップルは木になる果樹とはあきらかに違う。とはいえ地面になる野菜の多くは、芽を出すとほぼ1年以内に花が咲く。パイナップルはといえば、苗を植えてから最低2年はかかる。野菜らしくないのだ。実がなったあとも、果樹のように何度もそこに実がなるわけではない。さて困った、となったのだ。結果は畑と果樹園のマークを組み合わせたようなかっこうで解決をみた。めでたし、めでたし。

畑　果樹園　パイナップル畑

【夏植えパイナップルの作型】（促進夏実体系）

（資料：沖縄県におけるパイナップルの育種）

パイナップルの形態

（資料：沖縄県におけるパイナップルの育種）

【分類等】
学名　*Ananas comosus* (L.) Merr.
英名　Pineapple
和名　パイナップル、アナナス
目　イネ目
科　パイナップル科
属　アナナス属
原産地　ブラジル

【土壌条件】
酸性土壌（pH4.0～6.0）でよく生育する。また排水性の良い土壌を必要とする。

【生育気温】
生育適温は25～35℃。平均気温が25℃以下になると、酸度が高くなり、果実品質が低下する。

パイナップルの呼称について

「パイナップル」か、「パインアップル」なのか

パイナップルの名前は、「パイン」と「アップル」からきている。英語の表記「Pineapple」を見れば歴然で、誰がどう見たって「pine」+「apple」である。だから、「パインアップル」が正式な名称だという人たちもいる。われわれのような文字を商売にする業界ではこうした「表記のゆれ」というのを、ひどくおそれる。統一表記というのがあり、とにかく統一しないと気がすまないのだ。

たとえば、共同通信社発行の『記者ハンドブック』には「パイナップル」とある。二、三の辞書を調べてもみたが、やはり「パイナップル」とあった。そんなわけで基本路線は「パイナップル」の表記でいいのかと。

ところで、その語源を少しときほぐしてみると、まず「パイン」は、パイナップルの見たままを表していて、「まつぼっくり」からきている。「松」の「pine」だ。

では、「アップル」のほうはなんなのか。松のりんご？ それでは意味がよくわからない。田中修『植物はすごい』（中公新書）には、「アップル（りんご）の語は、ヨーロッパでは価値のあるおいしいものに使われました」とある。同書によれば、トマトは、フランスで「愛のリンゴ」、イタリアで「黄金のリンゴ」、ドイツで「天国のリンゴ」と呼ばれていたそうだ。ちなみにじゃがいもは「大地のリンゴ」とのこと。

そうか、リンゴとはとにかくスゴイことを意味するのだな。ということは、いまどきの言葉でいうなら、「松がヤバイ」とかそんな感じだろうか。

少し真面目な話をすると、パイナップルの属名であり、ときにパイナップル科植物の総称としても使われる「アナナス（Ananas）」は、次のようないわれがあるという。

「パイナップルに対して南アメリカの先住民族が『ナナ（香りが高い）』と呼んでいたことに因んでいます」（『熱帯の有用果実』土橋豊、トンボ出版）。また、学名の「Ananas comosus (L.) Merr.」のなかにある、「comosus」は同書によると、これはラテン語で「長束毛がある」という意味で、花の苞（ほう）の形に由来しているそうだ。

パイナップルの歴史

コロンブスはこう言ったかもしれない「パイナップルって超ウマくね?」

ブラジルのアマゾン川の中心流域を原産とするパイナップルが、歴史上の記録にその姿をあらわしたのは1493年11月4日のこと。クリストファー・コロンブスの第2次探検隊が、西インド諸島のグアドループ島で発見した。

ただしコロンブスが発見したのは小ぶりな自生種で、じつはその時点ですでに、もっと大きくて味のよい栽培種が存在していたという。『パイナップルの歴史』（カオリ・オコナー著、大久保庸子訳、原書房）には次のようにある。

「コロンブスが新世界に到着する何世紀もまえから、パイナップルはアメリカ大陸の先住民族の活動に伴って現在のブラジル、ギアナ、コロンビア、中央アメリカの一部、さらには西インド諸島にまで伝播していたのだった」

列強の植民地政策が世界のいたるところに広がると同時に、パイナップルの栽培地も広範囲にわたって拡大した。コロンブスが発見してからおよそ200年のうちに、どれだけ広がったかを示す、こんなエピソードがある。

「1656年、イエズス会士ミハル・ボイムは中国南部を訪れたが、当時すでにパイナップルはありきたりの果実となっていたため、『フローラ・シンメス Flora Simensis』（中国の植物についてヨーロッパで最初に印刷された書）では『中国在来種』と記述している」（同前）

徳川が江戸幕府を開いたころには、世界のあちこちで、すでにパイナップルをあたりまえのように食べている人たちが、たくさんいたのだ。

パイナップルの切り方【上級編】

「パイナップル屋台切り」（勝手に命名した）というのがあって、たとえば屋外などのまな板がない状況では、この切り方が重宝する。ささっと切って、ざざっと袋に入れる。よって、包丁とビニール袋だけは必要。

1 パイナップルの頭を切り落とす。皮と果肉の間にナイフの刃を入れ、1周させる。

刃の深さは果実の半分くらいまで

2 パイナップルのおしりを切り落とす。次に頭のほうからナイフを入れ、芯を中心に9等分する。

縦に2回、横に2回、切れ目を入れる

3 パイナップルのおしりから皮と果肉の間にナイフを入れ1周させたら、芯をくり抜く。

中心にナイフを突き刺して、抜く

4 皮ごと輪切りにカットする。

この部分には刃を入れないで、皮はつなげたまま

5 ビニール袋に果肉を落とし入れる。

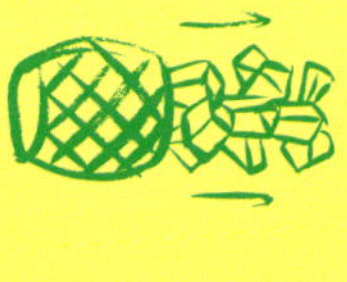

果肉には一度も手を触れないで完成！

世界のパイナップル生産量

ほぼ10年前は、タイ、フィリピン、中国とアジアの国々がトップ3を独占していたが、近年ではその勢力図が変化した。下記の表のように中南米の国にとってかわったのだ。

日本に輸入されるパイナップル量は年間で約15万トン。トップはダントツでフィリピン。輸入量の9割を超える約14万7500トンだ。次いで台湾となりその量は1254トン。（データは2014年）。

国別トップ10　（2013年／単位：千トン／FAO資料）

1	コスタリカ	2,685	6	インド	1,571
2	ブラジル	2,483	7	ナイジェリア	1,420
3	フィリピン	2,458	8	中国	1,386
4	タイ	2,209	9	メキシコ	771
5	インドネシア	1,837	10	コロンビア	643

パイナップルの道具考

ああ、しぼりたい、飲みたい

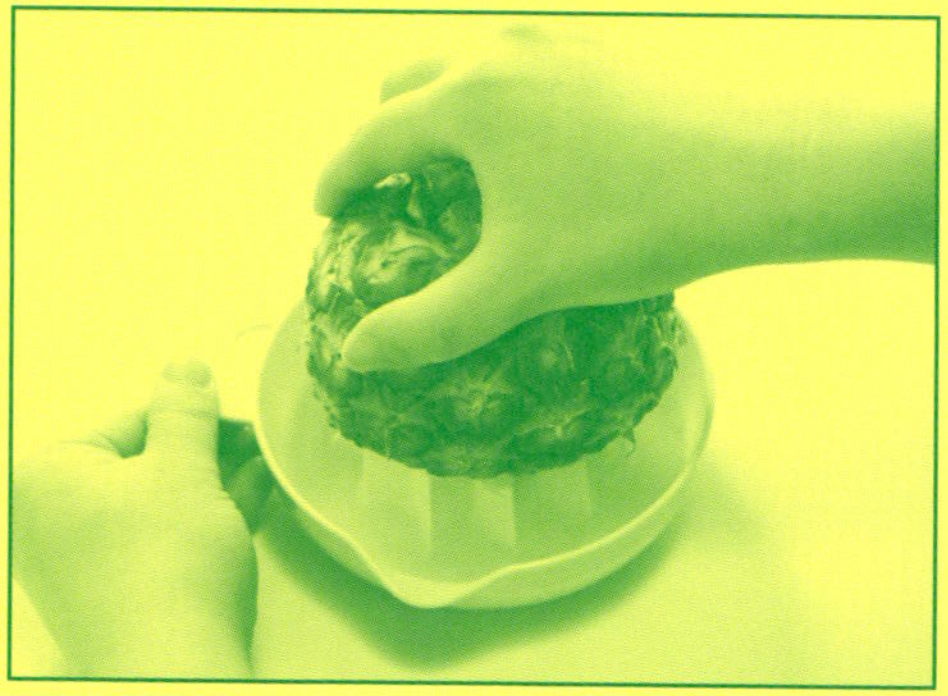

パイナップルを切る際、「もっと簡単に切れたらなあ」という需要というか、要望がある。そこで登場したのが、パイナップルスライサーだ（いろいろな呼称がある）。それはコルク抜きを大きくしたような格好をしている。包丁でパイナップルの頭をカットしたら、果肉の上から、その道具をそれこそコルク抜きのようにぐりぐりと回していく。底まで到達したら、最後はそのまま引き抜けば、らせん状につながった果肉が抜け出してくるスグレものだ。と、ここまで書いておいてなんだが、個人的には包丁のほうがいいかな、というのが正直な感想。

道具をもうひとつ。パイナップル用のスクイーザーというのがある。果汁をしぼるためのツールだ。パイナップルは実が大きいので、レモンやオレンジなどで使うスクイーザーで代用するわけにはいかない。使えるとしたらグレープフルーツ用のものだろうか。

けれども、キッチンツール界にはちゃんとパイナップル用が存在するのだから、やはり専用の器具を使ったほうがベターだ。たとえばドール社では、スウィーティオパイナップルと非売品の専用スクイーザーがセットになったものを販売している。同社の資料によれば、搾汁量の目安はパイナップル1個（約900g目安）につき、220〜270ml程度のジュースがしぼれるとのこと。これくらいの量があれば、朝イチの、パイナップルのフレッシュジュースを存分に楽しめる。とはいえ、まるごと1個しぼるなんて、ぜいたく！ でも最高！

ぼくたちは スムースカイエンを愛してる

スムースカイエンという言葉を知っているだろうか。知っている人は、かなりのパイナップル通だ。スムースカイエンはパイナップルの品種（系統）のひとつで、言うなれば現在みんなが口にするパイナップルの品種の老舗みたいなもの。そこからの暖簾分けで、幾多の品種が生み出され、今日にいたる。

その歴史をたどってみると、まず1819年にフランス領ギアナからフランスへ渡った。そののちイギリスへもたらされ、そこからアメリカのフロリダ、ハワイへと伝わった。そのハワイを起点として、日本の沖縄をはじめ、台湾、フィリピン、オーストラリア、キューバ、ケニアなど、世界中に伝播したのだった。

パイナップルのコツ

買ってきたパイナップルはどれくらいもつのか。ひとつの目安が4日前後（状態によりけり）。一度、カットしたものは冷蔵庫保存で、2日前後。

パイナップルの保存方法でおすすめなのが冷凍保存だ。食べやすい大きさにカットしてから食品保存容器やフリーザーバッグに入れ、冷凍するのがコツ。

食べ方としては、そのままシャーベットで楽しんでもいいし、料理のアクセントに使ってもいい。パイナップルのような繊維質で味のしっかりあるものは、味が抜け落ちにくく、冷凍向きのフルーツといわれている。

今、注目の美容素材はパイナップル由来！

じわじわとブームの予感

パイナップル由来の原料を使った美容素材の人気が、じわじわと広がっている。もともとビタミン類が豊富なことに加え、クエン酸やカリウムなども含むパイナップルが、健康や美容にいいことは、多くの女性たちがよく知るところ。

そうした美にこだわる女性たちの間でがぜん注目を集めはじめたのが、パイナップル由来の原料が含まれたサプリメントや、化粧品なのだ。

たとえば、京都の化粧品メーカーが手がける、パイナップル果実エキスが配合されたサプリメント「W.E. WHITE EXPERIENCE」（三興物産）では、くすみ対策、紫外線対策などが謳われている。

パイナップルをもりもり食べて美しさを目ざすのもいいけれど、ときにはこういう手立てで、パイナップルのチカラを借りるのも、ありかも。

パイナップルとデザイン

この建物はなんだ？

スコットランドに「ダンモア・パイナップル」という建築物がある。その名の通り、パイナップルな建築だ。寡聞にして、世界広しといえども、これほどまでの「パイナップル的な建物」を知らない。高さにして14m。ド肝を抜くパイナップルだ。

これは1761年にダンモア伯爵が妻へのプレゼントとして建てたものだというが、なぜに、パイナップルだったのだろうか。

たしかに、当時パイナップルは富の象徴だった。ヨーロッパの王侯貴族たちは、競うようにして自分の敷地で温室栽培をはじめ、その成果を喧伝していたともいわれている。そうした流れにあって、パイナップルの意匠そのものにも、権力や財力を示す何かが込められていたのかもしれない。

象徴としてのパイナップルでいえば、ウィンブルドン選手権で授与されるトロフィーの上にも、ちょこんとパイナップルをかたどった飾りがのっかっている。

このように飾りやモチーフとしてのほかにも、織物の素材としての顔もパイナップルにはある。フィリピンにはパイナップル繊維で織られた「ピーニャ」という生地がある。地元ではシルクに引けをとらない高級品で、ドレスなどに使われるそうだ。

食べ過ぎたなと感じたら パイナップルの出番だ

パイナップルの果実は、ビタミンB_1が豊富で、ビタミンB_2やビタミンCも多く含まれる。なかでもビタミンB_1は、糖質の分解を助けるほか、ビタミンB_2やビタミンCとの相乗効果により、疲労回復、老化防止などのはたらきがあるといわれている。超個人的な見解では、その「疲労回復」はテキメン、と思っている。

バナナがスポーツ選手たちの間で重宝されているという話をよく聞く。バナナは消化、吸収がいいから、運動前にいい、などと。そうしたスポーツ界のシーンにパイナップルも入れていただけないものか、と思う。運動後の疲労回復に必ずやお役に立てるからだ。

あとは、身体を動かしたあとで、「よし、焼き肉でも行くか！」となって、生ビールと肉をたらふく胃袋につめこむ、なんて夜こそパイナップルの出番といえるだろう。

パイナップルの最大の特徴である「ブロメライン」というタンパク質分解酵素が大活躍するからだ。ブロメラインは、腸内で消化を促し、腸を整える作用をもつ。料理の際に肉をやわらかくするのも、この酵素の効果によるものだ。ちなみに、パイナップルを食べて、舌が痛くなったりするのも、こいつの仕業。

「食べすぎたな」「飲みすぎたな」という日は、帰りがけにコンビニやスーパーに立ちよって、パイナップルのカットフルーツを買って帰ろう。少しでもパイナップルを食べておくと、次の日がずいぶん楽になることうけあい。

念のために記しておくと、この酵素は加熱されるとその効用は失われるので、あしからず。生のパイナップルが効く、ということをお忘れなく。

酢豚のパイナップル問題

この問題に関しては決着をみた、という見解だ。もうこの議論は十分だと思う。なぜなら、人の好みに審判をくだすのは野暮だからだ。かくいう自分は、じつは寝返った組だ。昔は苦手だった。あるときから、あれ、いけるかも、と思うようになった。それまで自分のなかにあった、古いままの酢豚&パイナップル像が更新されたのだった。

子供時代、味覚は、あたりまえだが、子供だ。にがいも、辛いも、すっぱいも、好きじゃない。複雑な味も舌が追いつかない。味のハーモニー、マリアージュ、なんのことやらだ。それがいつのころからか、鼻につんとくるワサビを受け入れ、臓物なんかのほろにがさを愛するようになり、猛烈に臭いチーズで酒を飲むようにもなる。パイナップルもそのうちのひとつかな、と。

こんなことをくどくど書いていると、反対派の人たちからの狼煙が上がりそうなので、このへんにするが、それでももうひとオシ。おいしい酢豚がいただけるお店をご紹介。東でいえば、東京の「富麗華」。西でいえば、京都の「糸仙」（こちらは2章の佐藤さんに教わった）。もちろん、ともにパイナップルが効いた酢豚が出てくる。ぜひ一度、足を運んでみてください。

ちなみに、本家中国での酢豚のパイナップル事情を書物で調べてみたところ、勝見洋一『中国料理の迷宮』（朝日文庫）に以下のくだりがあった。「『菠蘿古老肉』（ポールオクーラオロウ）と言って、菠蘿とはパイナップルのこと。パイナップルは清中期から中国にあり、歴史の古い食材なのだ。（中略）清のはじめの頃までは、パイナップルの代わりに山芋を使っていた」。

その当時から、酢豚のパイナップル論争はあったのかもしれない、と邪推したりして。

日本の酢豚&パイナップル論争はいつまで続くのだろうか。野暮はもまれて粋となる、なんて言うけれど。

パイナップル生果の栄養成分

エネルギー (Kcal) 51.0／水分 (g) 85.5／たんぱく質 (g) 0.6／脂質 (g) 0.1※飽和脂肪酸 (g) 0.01※一価不飽和脂肪酸 (g) 0.01／多価不飽和脂肪酸 (g) 0.03※コレステロール (mg) 0／炭水化物 (g) 13.4／※食物繊維 (g) 1.5※※水溶性食物繊維 (g) 0.1※※不溶性食物繊維 (g) 1.4／食塩相当量 (g) 0／廃棄率 (%) 45／レチノール活性当量 (μg) 3／※レチノール (μg) 0／※カロテンβ(μg) 30／ビタミン（以下V標記）D (μg) 0／VE (mg) Tr／VK (μg) 0／VB1 (mg) 0.08／VB2 (mg) 0.02／VB6 (mg) 0.08／VB12 (μg) 0／葉酸 (μg) 11／ナイアシン (mg) 0.2／パントテン酸 (mg) 0.28／VC (mg) 27／ナトリウム (mg) Tr／カリウム (mg) 150／カルシウム (mg) 10／マグネシウム (mg) 14／リン (mg) 9／鉄 (mg) 0.2／亜鉛 (mg) 0.1／銅 (mg) 0.11／マンガン (mg) 0.76
(七訂 日本食品標準成分表より)

おわりに

各章にご登場いただいた方々にこの場をお借りしてお礼申しあげます。また、下調べ、取材、撮影では、次の方々にたいへんお世話になりました。

ＪＡ全農青果センターの大坪智さん、ＪＡおきなわの上原正司さん、玉那覇直美さん、平川頼子さん、沖縄県農林水産部の長堂嘉孝さん、玉城聡さん、丸善製薬株式会社の東大晃さん、三阪寿則さん、林原直樹さん、貞宗信悟さん、宮城大輔さん、島田佳侍さん、京橋千疋屋の江森純子さん、株式会社ドールの生鮮第二本部、マーケティング本部の方々。

みなさまの、貴重なお話、ご教授がなければ、この本のありようは大きく変わっていたと思います。ひとえにみなさまのご協力の賜物です。

そして、鈴木克彦さん、最高にノリ♪のいいイラストをありがとうございました。小林紀晴さん、いつも本当にすてきな写真ですね。本物のパイナップルに負けず劣らず美しい本に仕上がったのは、藤綱希美江さんのデザインのおかげです。

最後になりましたが、この本を手にとってくださった読者のみなさまに深く感謝します。本当にありがとうございました。

二〇一六年　七月一三日　　谷山武士

【引用及び主要参考文献】

カオリ・オコナー、大久保庸子訳『パイナップルの歴史』（原書房、二〇一五）
『パインアップルの栽培』（沖縄県農業会議、二〇一六）
『沖縄県におけるパインアップルの育種』（沖縄県農業研究センター名護支所、二〇〇九）
土橋豊『熱帯の有用果実』（トンボ出版、二〇〇〇）
ちかみじゅんこ、宮城恒夫監修『パイナップル』（金の星社、一九八七）
田中修『植物はすごい』（中公新書、二〇一二）
田中修『フルーツひとつばなし』（講談社現代新書、二〇一三）
勝見洋一『中国料理の迷宮』（朝日文庫、二〇〇九）
三輪正幸監修『からだにおいしい　フルーツの便利帳』（高橋書店、二〇一二）
くだもの委員会編『果物の美味しい切り方・むき方』（産業編集センター、二〇一五）
Coralway 編『沖縄島々 旅日和 宮古・八重山編』（新潮社、二〇〇三）
外間守善『沖縄の歴史と文化』（中公新書、一九八六）
早川文代『食べる日本語』（毎日新聞社、二〇〇六）
Fran Beauman『The Pineapple: King of Fruits』（Chatto & Windus, 2005）
Isabella Beeton『MRS. BEETON'S BOOK OF HOUSEHOLD MANAGEMENT』（Skyhorse Publishing, edition 2015）
吉野進ほか「パイナップル由来グルコシルセラミド摂取による肌のくすみおよび乾燥を感じる健常日本人男女に対する皮膚機能改善効果」（薬理と治療、第43巻、第11号、二〇一五）
野嶋潤ほか「パイナップル由来セラミド経口摂取による日本人女性の皮膚機能改善効果」（応用薬理、87、二〇一四）
『くだもの』の消費に関するアンケート調査（果物普及啓発協議会、二〇一〇）
D. P. Bartholomew, R. E. Paull,and K. G . Rohrbach『The Pineapple : Botany, Production and Uses』（CABI Publishing 2002）

谷山武士（たにやま・たけし）
ルポライター。1973年山口県生まれ。二玄社『NAVI』の記者、『助六』の編集長を経て、クリエイター集団「bueno」を立ち上げ、代表を務める。同社では、建築、インテリア、食からライフスタイル全般まで、幅広い分野で編集及びディレクションなども手がけている。著書に児童書の『くるま』（二玄社）などがある。

小林紀晴（こばやし・きせい）
写真家。1968年長野県生まれ。'95年『ASIAN JAPANEASE』でデビュー。'97年『DAYS ASIA』で日本写真協会新人賞受賞。写真展『遠くから来た舟』で第22回林忠彦賞受賞。写真集、著書に『はなはねに』、『だからこそ、自分にフェアでなければならない。プロ登山家・竹内洋岳のルール』など。

鈴木克彦（すずき・かつひこ）
クリエイティブディレクター。アートディレクター。イラストレーター。1967年愛知県生まれ。博報堂勤務。広告キャンペーンやデザインプロジェクトに携わりながらイラストレーション、キャラクター開発を手がける。代表作は暴君ハバネロ、つよインクなど。

アートディレクション／鈴木克彦
装丁・デザイン／藤綱希美江（東京ヒュッテ）
編集／野津山美久（bueno）

協力　植物なんとか部（shokubutsu-nantokabu.com）

パイナップルぷるぷる本
2016年8月17日　第1刷発行

文　谷山武士
写　真　小林紀晴
イラスト　鈴木克彦

発行者　石田伸哉
発行所　株式会社コスモの本
〒167-0053 東京都杉並区西荻南3-17-16 加藤ビル202
TEL: 03-5336-9668　FAX: 03-5336-9670
URL: http://www.cosmobooks.com

印刷・製本　株式会社シナノパブリッシングプレス

ISBN 978-4-86485-030-8　C0077